WARUM? DARUM!

GEOLOGIE

Oetinger

Deutsche Erstausgabe
1. Auflage 2013
© Verlag Friedrich Oetinger GmbH, Hamburg 2013
Alle Rechte vorbehalten
© Originalausgabe: 2011 Editoriale Scienza srl
Titel der Originalausgabe: Teste Toste – Perché i vulcani si svegliano?
© Text: Federico Taddia und Mario Tozzi
Aus dem Italienischen von Ulrike Schimming
Druck und Bindung: Grafisches Centrum Cuno

ISBN 978-3-7891-8542-7

www.oetinger.de

FSC
www.fsc.org
MIX
Papier aus verantwor-
tungsvollen Quellen
FSC® C043106

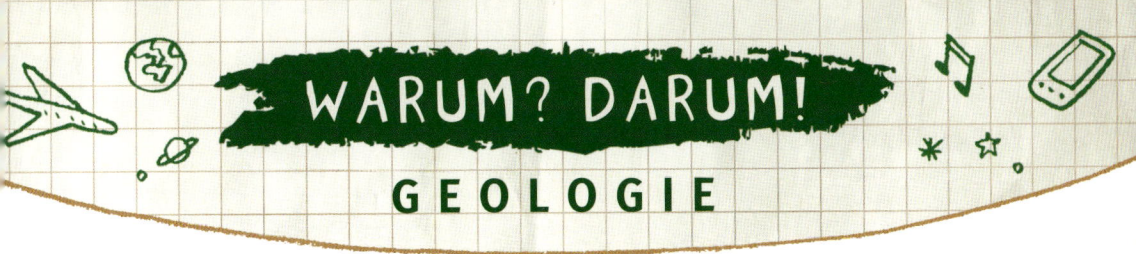

WARUM? DARUM!

GEOLOGIE

FEDERICO TADDIA · MARIO TOZZI

VOLL DER BURNER!
JEDE MENGE FRECHE FRAGEN ZU BRODELNDEN VULKANEN UND WACHSENDEN BERGEN

Illustrationen von Roberto Luciani

Aus dem Italienischen von Ulrike Schimming

Verlag Friedrich Oetinger · Hamburg

Warum? Darum!

Gebrauchsanleitung

Dieses Buch kannst du vom Anfang bis zum Ende lesen. Oder vom Ende bis zum Anfang. Alles auf einmal oder in kleinen Häppchen. Du kannst es irgendwo aufschlagen und dort mit deiner Reise in die fantastische Welt der Geologie beginnen.

Du kannst zu den Fragen springen, die dich ganz brennend interessieren, du kannst die Themen vertiefen, die du am liebsten hast, oder einfach von einer Frage zur nächsten bummeln ...

Der Autor

Lustigerweise leckt er gerne an Steinen und läuft immer
mit einem kleinen Hammer in der Hand herum. Er freut sich
total, wenn er ein uraltes Fossil findet. Er kann Kryptonit von
Quarz unterscheiden und wahrscheinlich auch die versunkene
Insel Atlantis aufspüren.

Der Experte in diesem Buch ist der Geologe Mario Tozzi. Er
kennt die Geheimnisse von allem, was es auf der Erde gibt
und was über und unter der Erdoberfläche so alles passiert –
von den Vulkanen bis zu den Sandkörnern, von Gletschern,
Geysiren, Erdbeben, Tsunamis bis zu den Mineralien. Er ist
bis über beide Ohren in die Erde verliebt! Und genau darum
setzt er sich dafür ein, dass die Menschen sie respektieren
und schützen.

Bist du bereit? Dann blättere um ... und los geht's!

Die Erde nimmt weder zu noch ab, sie wird auch nicht kleiner oder größer. Trotzdem ist sie lebendig, denn ihr Inneres und ihr Äußeres ändern sich ständig.

Ganz sicher? Mir kommt sie immer gleich vor.

Die Erde wandelt sich viel langsamer als wir. Das geschieht in Millionen von Jahren, und niemand kann die Veränderungen wirklich sehen. Vor ein paar Jahrhunderten dachten auch die Wissenschaftler noch, die Erde bliebe immer gleich. Heute wissen wir, dass selbst hohe Berge irgendwann mal zu Ebenen werden und viele von ihnen vor langer Zeit den Meeresboden gebildet haben.

Woran sehe ich, dass die Erde lebt?

An ziemlich vielen Dingen, und sie sind nicht immer schön ... Erdbeben, Vulkanausbrüche, Erdrutsche, Überschwemmungen, Gas, das aus dem Boden tritt ... Das alles sind Zeichen ihrer Lebenskraft. Auf dem Mond passiert so etwas nicht. Nur manchmal bebt er ein bisschen.

Würdest du also lieber auf dem Mond leben?

Nein, auf keinen Fall, das wäre todlangweilig! Ich bin richtig froh, auf einem lebendigen Planeten zu wohnen.

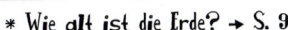

* Wie alt ist die Erde? → S. 9
* Wachsen und verschwinden die Berge wirklich? → S. 32

SIND ALLE GESTEINE GLEICH ALT?

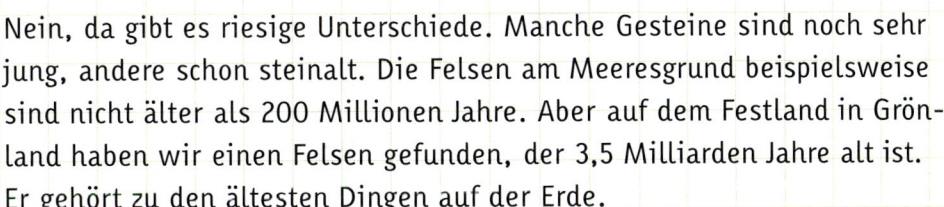

Nein, da gibt es riesige Unterschiede. Manche Gesteine sind noch sehr jung, andere schon steinalt. Die Felsen am Meeresgrund beispielsweise sind nicht älter als 200 Millionen Jahre. Aber auf dem Festland in Grönland haben wir einen Felsen gefunden, der 3,5 Milliarden Jahre alt ist. Er gehört zu den ältesten Dingen auf der Erde.

Sind die Felsen älter als die ersten Menschen?

O ja! Um das besser zu verstehen, machen wir am besten ein Experiment: Nimm einen Karton oder ein großes Blatt Papier und zeichne eine etwa ein Meter lange Linie darauf. Sie stellt die Lebenszeit der Erde dar, die von ihrem Anfang bis heute etwa 4,5 Milliarden Jahre beträgt. Zeichne dann ein Kreuz auf diese Linie, für den Zeitpunkt, seit dem es Menschen auf der Erde gibt. Wo würdest du das Kreuz hinsetzen?

Keine Ahnung. Vielleicht in der Mitte?

Leider knapp daneben. Du müsstest das Kreuz ein paar Hundertstel Millimeter vom Ende der Linie entfernt einzeichnen. Das würdest du mit einem Bleistift gar nicht hinbekommen, denn der ist noch viel zu dick. Menschen gibt es gerade einmal seit 200 000 Jahren, aber in dieser Zeit haben sie viel geschaffen. Und leider auch viel zerstört. Das mag für uns, die wir nicht mal mehr die Namen unserer Urgroßeltern wissen, eine lange Zeit sein, aber in der Geologie sind 200 000 Jahre nur ein Fingerschnippen. Die Zeitskala der Erde reicht viel weiter zurück.

Wie weit denn?

Mmh, am einfachsten stellst du dir das Leben der Erde als ein Kalenderjahr vor: Die Erde wäre also am 1. Januar geboren worden. Heute wären wir am Ende dieses Jahres angelangt, und der Mensch wäre erst wenige Sekunden vor Neujahr aufgetaucht. Pünktlich zum Jahreswechsel. Diese Zeiteinheiten haben unser Denken revolutioniert. Bis vor ein paar Hundert Jahren dachten wir, dass die Erde nur einige Tausend Jahre alt wäre. Um

noch weiter in der Geschichte der Erde zurückzugehen, brauchen wir uralte Zeugen: die Felsen nämlich.

Und was erzählen die Felsen? Ist auf denen was eingraviert?

Von prähistorischen Graffiti mal abgesehen, gibt es unglaublich viele Dinge, die die Erde erzählt. Sie ist wie ein Tagebuch aus Stein. Die Felsen sind die Seiten und die Fossilien die Zeilen. In Millionen von Jahren ist das alles von den Kräften der Erde durcheinandergebracht worden. Die Forscher bemühen sich, die Seiten richtig zu entziffern.

Haben sie es geschafft?

Ja. Für einen Geologen sind sogar die Anordnung der Sandkörner oder uralte kristallisierte Organismen Spuren, die ihm etwas über längst vergangene Zeiten verraten.

Also sind die Felsen nicht alle gleich?

Nein, es gibt viele verschiedene Gesteinsarten. Man teilt sie in drei große Gruppen ein. Magmatite sind aus erkaltetem Magma, der Gesteinsschmelze aus der Erdkruste, entstanden. Sedimente wurden in den Meeren und Seen aus Mineralbrocken und Salzen zusammengepresst. Und schließlich gibt es noch die Metamorphite. Sie entstanden aus Magmatiten und Sedimenten, die im Erdinneren durch Druck und Hitze verformt wurden.

Wenn du ein Stein sein könntest, welcher wärst du dann gerne?

Ich wäre gern ein Ophiolith, der in den Bergketten eingeschlossen ist.

Er ist ein Überrest vom uralten Meeresgrund und ganz grün und faltig, sodass er wie eine Schlange aussieht. Daher hat er auch seinen Namen, denn „ophis" heißt im Altgriechischen „Schlange".

* Sind Fossilien auch Steine? → S. 42
* Was ist der Unterschied zwischen Magma und Lava? → S. 39
* Welche Steine sind am wertvollsten? → S. 67

KANN MAN DAS
ZENTRUM
DER ERDE
ERKUNDEN?

Dafür brauchst du nur Jules Vernes Roman „Die Reise zum Mittelpunkt der Erde" lesen. Oder dir den sehr viel jüngeren Film dazu anschauen. Im wirklichen Leben ist der Erdkern ziemlich ungemütlich.

Ist es dort sehr heiß?

Ja, da drin herrschen mehrere Tausend Grad. Und je weiter man in die Erde eindringt, umso dichter wird das Felsgestein und umso stärker auch der Druck, den es ausübt. Er würde dich zerquetschen, lange bevor du am Mittelpunkt der Erde ankommst. Eigentlich schade, denn es wäre eine spektakuläre Reise!

Könnte man nicht einen riesigen Schacht graben?

Wusste ich's doch: Du hast zu viele Filme gesehen! Der tiefste Schacht, der je gegraben wurde, ragte 15 km tief in die Erdkruste hinein. Dabei kann sie bis zu 70 km dick sein. Zum Glück gibt es viele natürliche Schächte, die uns ständig feurige Nachrichten aus den Tiefen der Erde schicken: die Vulkane.

Stammt die Lava aus den Vulkanen denn genau aus der Erdmitte?

Nicht ganz, aber sie kommt aus etlichen Kilometern Tiefe. Wenn sie aufsteigt, kühlt sie etwas ab und wird bei der Berührung mit den Stein-wänden schmutzig. Aber sie ist dem geschmolzenen Stein in der Erdmitte sehr ähnlich.

* Warum brechen Vulkane aus? → S. 38
* Kann man aus der Erdwärme Energie machen? → S. 76

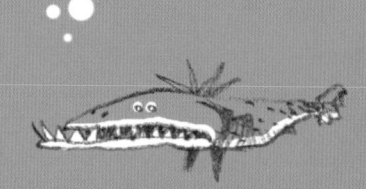

WARUM SIND DIE MEERE NIE ALLE?

Das Wasser befindet sich in einem ewigen Kreislauf. So bleibt seine Menge auf der Erde immer gleich und wird nie weniger. Folgen wir mal einem Wassertropfen. Wo wollen wir anfangen?

Im Meer?
Sehr gut. Die Sonne erwärmt das Wasser der Meere so lange, bis ein Tropfen verdampft. Das heißt, er steigt als Dampf in die Luft und schwebt durch die Atmosphäre.

Also hat das Meer ihn verloren. Ich hab doch recht!
Ja, aber nur für einen Moment. In der Atmosphäre vereint sich der verdampfte Tropfen mit vielen anderen. Sie bilden eine Wolke. Irgendwann fällt der Tropfen als Regen oder Schnee wieder auf die Erde herunter.

Aber wenn er auf einen Kontinent fällt, ist er nicht wieder im Meer.
Fällt er in einen Fluss, fließt er über kurz oder lang wieder ins Meer. Landet er auf dem Land, versickert er, gelangt ins Grundwasser und von dort über die Flüsse wieder ins Meer. Oder er wird von einer Pflanze aufgenommen, verdampft und wird wieder zu einer Wolke. Es gibt viele Wege, die der Wassertropfen nehmen kann. Eins ist dabei aber ganz sicher: Das Wasser geht nie aus, und die Ozeane werden niemals austrocknen.

Gibt es genug Wasser für alle Menschen?
Eigentlich schon, nur muss man sorgsamer damit umgehen. Also der Erde so wenig wie möglich wegnehmen und ihr so viel wie möglich so sauber wie möglich zurückgeben.

Halten wir uns denn daran?

Leider nicht. Die Erdoberfläche ist zu 71 Prozent mit Wasser bedeckt, von den Meeren über die Seen bis zu den Gletschern. Trotzdem haben wir ein Problem: Das Trinkwasser wird knapp.

Wie das denn? Kann Wasser also doch weniger werden?

Das ist wie bei anderen Bodenschätzen auch – eigentlich ist genug davon da, doch leider ist das Wasser nicht gleichmäßig verteilt. Ein Nordamerikaner verbraucht etwa 400 Liter am Tag, während ein Bewohner von Zentralafrika oft nur 20 Liter zur Verfügung hat. Manchmal sogar noch weniger. In der Not trinken Menschen dann verschmutztes Wasser. Im schlimmsten Fall ist es giftig, und sie sterben daran. Das ist sehr tragisch und furchtbar ungerecht. Das zweite Problem ist, dass unser Trinkwasser durch Leitungen zu uns nach Hause trans- portiert wird. Doch leider kommt nicht alles bei uns an. Im Durchschnitt gehen dabei 20 Prozent des Wassers verloren. Das ist eine fürchterliche Verschwendung.

Was können wir dagegen tun?

Sehr, sehr sparsam sein! Man könnte Wasser als das Blut der Erde bezeichnen, denn Wasser lässt alles wach- sen und gedeihen. Bei der Erforschung von Mond und Mars wurde als Erstes nach Wasser gesucht. Denn ganz auf dem Trockenen ist ein Leben auf allen Planeten unvorstellbar. Eigentlich ist es merkwürdig, dass unser Planet „Erde" heißt, obwohl er zu fast drei Vierteln mit Wasser bedeckt ist ... Um die Zukunft der Menschheit zu sichern, müssen wir also besonders achtsam mit dem Wasser umgehen und es nicht ver- schmutzen. Ganz einfach. Eigentlich ...

Verändert das Wasser die Erde auch?

Ja, auf ganz unterschiedliche Arten. Als Regen
und Wellen dringt es in Felsspalten ein und
wäscht sie aus. Bei Temperaturen um die
null Grad verwandelt es sich in Eis, dann
steigt sein Volumen, und so sprengt es
Felsen ab. Oft löst es chemische Reak-
tionen aus. So kann es an der Luft Rost
bilden. Kohlenstoff wiederum macht

Wasser sauer. In manchen Gegenden hat diese Säure Felsen in Millionen
von Jahren aufgelöst. Auf diese Weise hat das Wasser dann Grotten und
unterirdische Flüsse geformt.

Das klingt ja ganz schön zerstörerisch. Aber Wasser macht doch auch ganz tolle Sachen ...

Ja, sicher. Immer, wenn es etwas auflöst oder sprengt, formt das Wasser
ja gleichzeitig auch etwas Neues. Zum Beispiel die großen Ebenen der
Erde, wie die Po-Ebene, die nur aus Matsch, Steinen und Flusssand
besteht.

Wenn es kein Wasser gäbe, wie sähe die Erde dann aus?

Eine Erde ohne Wasser könnte man wohl mit dem Mond vergleichen.
Unsere Welt sähe dann ziemlich trostlos aus: keine Seen, Flüsse oder
Meere, keine Wälder, keine Atmosphäre, kein Leben ...

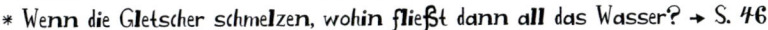

* Wenn die Gletscher schmelzen, wohin fließt dann all das Wasser? → S. 46
* Wieso bilden sich im Meer so viele Kristalle? → S. 58
* Wenn Flüsse überlaufen, ist der Regen daran schuld? → S. 64

WARUM HABEN GEOLOGEN IMMER EINEN HAMMER DABEI?

Damit zerschlagen wir die Steine, an denen wir dann lecken!

Bäh! Leckst du wirklich an Steinen?

Warum nicht? Nichts ist sauberer als das Innere eines gerade zerschlagenen Steins. Da ist Millionen Jahre nichts rangekommen. Wir machen die Oberfläche nass, damit wir durch Lupen und Mikroskope mehr sehen. Dann können wir den Stein besser einordnen und bestimmen.

Geht's auch etwas moderner als mit dem Hammer? Schon mal was von Computern gehört?

Wir haben ganz ausgeklügelte Instrumente, aber am wichtigsten sind feste Schuhe, um über Berge und durch Wüsten zu laufen und nach Steinen zu suchen. Wenn Geologen zur Arbeit gehen, sagen sie auch, „sie gehen ins Feld".

Verstehe. Aber wozu sind diese Landexpeditionen gut?

Wir bekämpfen Wasserknappheit, suchen nach erneuerbaren Energien, schützen die Bevölkerung vor Erdbeben und anderen Katastrophen, die die Erde für uns bereithält, verhindern Überschwemmungen und Erdrutsche. All so was.

Du bist also ein Superheld!

Nein, einfach nur ein Geologe. Aber du kannst mich gerne auch Superheld nennen!

* Können Geologen Erdbeben voraussagen? → S. 60
* Laufen Geologen über einen Geysir? → S. 86

IST DAS FESTLAND WIRKLICH FEST?

Nein, gar nicht. Die Kontinente und sogar der Meeresgrund bewegen sich. Die Erdkruste ist die felsige Oberfläche unseres Planeten. Sie schwimmt auf einer sehr dickflüssigen, geschmolzenen Gesteinsmasse, dem Mantel. Die Erdkruste ist in „Platten", also große Stücke, zerbrochen, die ganz langsam, aber ständig in Bewegung sind. Ein Geologe hat die Aufgabe, herauszufinden, wie sie sich bewegen.

Spann mich nicht auf die Folter: Warum bewegt sich die Erdkruste?

Die Erde ist wie eine riesige Maschine, die Wärme produziert. Aber sie ist nicht an allen Stellen gleich heiß. Der Kern im Innern ist am heißesten, die Schichten drum herum werden immer kühler. Diese Temperaturunterschiede bewirken, dass die heiße Gesteinsmasse ganz langsam fließt. Das nennt man Mantelkonvektion. Sie führt dazu, dass die Erdplatten wie Flöße darauf treiben. Die Erdkruste verschiebt sich und reißt auf, dann quillt auch mal Lava an die Oberfläche.

Wirklich? Wo?

Am Grund der Ozeane gibt es eine lange Bergkette aus Vulkanen, den sogenannten Mittelozeanischen Rücken. Aus den Vulkanen tritt ständig dünnflüssige, sehr heiße Lava aus. Im Wasser erkaltet sie jedoch sofort. So formen sich lustige „Kissen" aus Vulkangestein, die sich am Rand des Rückens auftürmen. Mit jedem neuen Ausbruch wird die vorherige Schicht ein Stück weiter weggeschoben. Der Grund der Ozeane besteht daher aus langen Reihen Lavagesteins, die parallel zum Rücken liegen.

Gibt es diesen Rücken nur im Meer?

Ja und nein. Wenn die Mantelkonvektion eine Kontinentalplatte auseinanderreißt, entsteht ein Graben. Das passiert gerade in Afrika beim Great Rift Valley. Doch irgendwann läuft auch dieser Graben mit Wasser voll und wird zum Rücken eines Ozeans.

Die Kontinentalplatten bewegen sich also und ändern ihre Stellung, wie in einer Ballettaufführung?

So ungefähr. Aber ein bisschen weniger elegant und mit viel Geschubse! Wo die Platten sich voneinander entfernen, entstehen Meeresrücken. Bewegen sie sich nebeneinanderher, gibt es Erdbeben. Das passiert entlang der San-Andreas-Verwerfung in Kalifornien.

Und wenn sie zusammenstoßen?

Dann wird es ernst. Es können sich riesige Gebirgsketten, Tiefseegräben und explosive Vulkane bilden, wodurch schlimme Erdbeben ausgelöst werden. Das hängt von dem Plattentyp ab. Treffen sich zwei Kontinentalplatten, nennt man das „Kontinentalkollision".

Hört sich großartig an!

Ist es auch, denn so entstehen Berge! Als die Indische Platte auf die Eurasische traf, was etwa vor 70 Millionen Jahren passierte, entstand der Himalaja. Und der ist bis heute noch nicht ausgewachsen.

Und wie entstehen Vulkane? Auch durch das „Platten-Ballett"?

Wenn eine dicke, leichtere Kontinental-platte auf eine dünne, schwerere Ozean-platte trifft, taucht die Ozeanplatte früher oder später ab. Diesen Vorgang nennt man Subduktion. So entstehen tiefe Ozean-gräben, wie der Marianen-graben, und ganze Archipele aus Vulkanen.

Das hört sich gefährlich an.

Stimmt. Der Feuerkreis im Pazifischen Ozean, die Antillen, Indonesien und die Anden sind nur einige Gebiete der Erde, in denen es besonders aktive Vulkane und häufig Erdbeben gibt. Und warum? Weil dort eine Ozeanplatte abtaucht.

Und was passiert mit der Platte?

Ganz langsam versinkt der Rand der Ozeanplatte im Erdmantel. Durch die hohe Temperatur in der Tiefe der Erde schmilzt die abgetauchte Platte. Dadurch entsteht heißes Magma, das durch Vulkane zum Teil wieder an die Erdoberfläche schießt.

Sie wird also recycelt?

Genau. Die Erde ist eine Maschine, die sich von Anbeginn an immer wiederverwertet. Daher gibt es nur noch wenige Steine aus den ältesten Perioden unserer Erdgeschichte.

* Wie sieht die Erde im Innern aus? → S. 21
* Warum sind Erdbeben so kurz und überraschend? → S. 27
* Können Vulkane erlöschen? → S. 40

Sand ist einfach nur fein gemahlener Fels.

Und wer hat ihn so fein gemahlen?

Das Wasser. Der Regen, die Flüsse und die Meere haben in Millionen von Jahren ganze Berge abgeschliffen und dabei Mineralien und Stein zu Pulver zermahlen. Zu Sand eben. Bei dieser sogenannten Erosion spielt auch der Wind eine große Rolle.

Warum gibt es Sand in so vielen verschiedenen Farben?

Je nachdem, was zermahlen wurde, entsteht Sand in ganz unterschied-lichen Farben. Ein Vulkan wird zu Sand mit dunklen, fast schwarzen Körnern. Ein Korallenriff ergibt ganz feinen, weißen Sand. Eisenhaltige Felsen hinterlassen rostfarbenen Sand.

Hat mal jemand gezählt, wie viel Sandkörner es auf der Erde gibt?

Klar. Der Mathematiker und Erfinder Archimedes hat sich vor über 2000 Jahren eine unglaubliche Rechenaufgabe gestellt: Wie viele Sandkörner braucht man, um das Universum zu füllen? Ein gefundenes Fressen für einen Mathematiker. Für einen Geologen ist es total un-möglich, alle Sandkörner zu zählen, und darüber hinaus auch völliger Unsinn.

* Wie entstehen Korallenriffe? → S. 79

WARUM GIBT ES ERDBEBEN?

Die Erde lebt ... und leider bebt sie manchmal auch. Dabei bewegt sich plötzlich der Untergrund, am Tag, in der Nacht, im Sommer oder im Winter, ohne das vorher anzukündigen. Erdbeben sind unvorhersehbar und unvermeidlich.

Wieso?
Versuch mal, einen Ast durchzubrechen. Anfangs biegt er sich immer weiter, bis er plötzlich mit einem Knacks zerbricht. Genau dasselbe passiert auch mit der Felskruste, die die Erde bedeckt.

Und wer verbiegt die Erdkruste?
Das kommt mal wieder durch das „Platten-Ballett". Wo sich die Platten treffen, staut sich langsam Energie an, bis ein Stück einer Platte unvermittelt bricht und die Energie freisetzt. Dann bebt die Erde. Das geschieht tief unten in der Erde, im sogenannten Hypozentrum. Das kann zwischen 10 und 700 km unter der Erdoberfläche liegen. Dabei entsteht ein Riss, den man auch Verwerfung nennt.

Wie kommt die Kraft des Erdbebens an die Oberfläche?
Der Bruch erzeugt Vibrationen, „seismische Wellen", die vom Hypozentrum zur Oberfläche laufen. Der Punkt an der Erdoberfläche genau über dem Hypozentrum heißt Epizentrum. Hier ist das Erdbeben am stärksten, und es entstehen die meisten Schäden. Je weiter man vom Epizentrum entfernt ist, umso kleiner werden die seismischen Wellen. Sie lassen die Erde erzittern, Lampen wackeln und leider auch Häuser einstürzen. Und alles in nur wenigen Sekunden.

In wie vielen denn?
So unglaublich das klingt, aber selten dauern Erdbeben länger als eine Minute. Die meisten sind nach etwa zehn Sekunden vorbei. Und auch die ganz starken hören nach wenigen Minuten wieder auf.

Wie misst man die Stärke eines Erdbebens?

Die Energie eines Erdbebens wird mit einem Seismografen gemessen. Dieses spezielle Gerät zeichnet die Vibrationen in einer langen, zackigen Linie auf, dem Seismogramm. Das ist so etwas wie der Personalausweis eines Erdbebens. Auf einem Seismogramm kann man die Stärke des Erdbebens ablesen, so wie die Lautstärke auf einem Display am Radio. Dann hat man die Skalen entwickelt.

Was bitte sind Skalen?

Das sind Einteilungen, mit denen man die Stärke eines Bebens misst. Die Richterskala misst die reale Energie, egal, ob das Beben im Meer, in der Wüste oder in einer Großstadt passiert ist. Die Mercalliskala bewertet die Energie eines Erdbebens aufgrund der Schäden, die es verursacht hat. Sie variiert also je nachdem, wie viele Menschen und Gebäude betroffen sind.

Welches war das stärkste Erdbeben bisher?

Vier ganz besonders starke Erdbeben wurden bisher registriert:
– Chile, 1960: 9,5 auf der Richterskala (das stärkste überhaupt)
– Alaska, 1964: 9,2
– Sumatra, 2004: 9,1
– Japan, 2011: 9

Warum gibt es in Japan so viele Erdbeben?

Japan ist ein seismisch sehr unruhiges Gebiet, denn hier treffen zwei Platten mit hoher Geschwindigkeit aufeinander.

Wo gibt es in Europa die meisten Erdbeben?

Im Süden. Vor allem in Italien, Griechenland und der Türkei bebt die Erde immer wieder. In Deutschland, Österreich und der Schweiz gibt es ganz selten mal leichte Erdstöße, die aber keine großen Schäden anrichten.

* Kann man sich auf Erdbeben vorbereiten? → S. 48
* Sind Erdbeben vorhersehbar? → S. 60
* Lösen Erdbeben Tsunamis aus? → S. 69

Das hat mehr mit der Umwelt als mit der Geologie zu tun. Die großen Wälder, wie der Regenwald, sind die „grünen Lungen" der Erde. Das ist nicht nur eine Redensart. Ohne den Sauerstoff, den die Pflanzen abgeben, könnten wir nicht leben. Außerdem nehmen die Wälder viel Kohlendioxid auf, ein Gas, das für die Erderwärmung mitverantwortlich ist.

Und warum ist das für einen Geologen wichtig?

Blätter, Samen, ja sogar die Stämme fallen irgendwann auf die Erde und werden dort von Pilzen und Bakterien zersetzt. Sie bilden dann die oberste, fruchtbare Schicht der Erde. Die Bäume wiederum schützen diese Schicht davor, vom Regen weggespült zu werden. Das dichte Netz ihrer Wurzeln führt dazu, dass das Wasser schneller vom Boden aufgenommen wird. Es hält den Boden fest, sodass es nicht zu Erd-rutschen kommt. Außerdem schützen die Wälder die Artenvielfalt.

Wie das?

Im tropischen Regenwald, einem der Orte mit der höchsten Artenvielfalt auf der Erde, leben Millionen Pflanzen- und Tierarten, die wir zum Teil noch gar nicht entdeckt haben. Holzt man diesen Wald ab, zerstört man noch viel mehr als nur ein paar Bäume. Das Leben unzähliger Tiere, das gesamte Ökosystem hängt von dem Schutz der Wälder ab.

* Warum sind Gletscher so wichtig? → S. 45

KÖNNEN BERGE WIRKLICH WACHSEN?

Aber natürlich! Alle Berge sind ständig in Bewegung.

Großartig! Also kann der Montblanc irgendwann den Mount Everest überragen?

Nur nicht gleich übertreiben. Wir reden von wenigen Millimetern Wachstum pro Jahr. Die Abläufe für so eine Orogenese, eine Gebirgsbildung, sind etwas komplizierter, aber sehr faszinierend. Soll ich sie dir erklären?

Hoffentlich wird mir dabei nicht schwindelig! Wo geht's los?

Alles fängt mit einem Zusammenstoß an. Zwei Stücke der Erdkruste drücken gegeneinander und verbiegen sich. Das führt dazu, dass das Gestein bricht, sich verkeilt und aufrichtet.
Die Landschaft verändert sich also
total.

Stark. Hört sich an wie beim Wrestling!

Ja, und es geht sogar noch weiter. Gebirgsketten sind sehr, sehr schwer, sodass sie einen Teil des darunterliegenden Erdmantels eindrücken. Der Himalaja erhebt sich zum Beispiel 8 km über den Meeresspiegel, aber die Erdkruste unter ihm ist gut 70 km dick. Wie bei einem Eisberg: Man sieht nur die kleine Spitze.

Entstehen Berge im Meer?

Manchmal schon. Es kann sein, dass sich der Meeresboden hebt und von den Kräften und Bewegungen der Erde nach oben geschoben wird. Umgekehrt kann eine ozeanische Platte, die durch eine kontinentale Platte versenkt wird, auf dem Festland ihre Spuren hinterlassen: Hinter der

Bewegung der Platten steckt so viel Druck, dass die auf dem Meeresboden abgelagerten Sedimente zu einem Faltengebirge aufgestaucht werden. Viele Felsen, auf denen wir heute in den Alpen umherwandern können, lagen einst im Meer.

Dann nehm' ich bei meiner nächsten Bergtour Schwimmflossen und eine Rettungsweste mit! Können Berge denn auch kleiner werden?
Sicher. Regen, Wind und Schnee schleifen die Berge ab und lassen sie schrumpfen. Aus Geologensicht ist die Höhe kein Unterscheidungsmerkmal von Bergen, denn die ist vergänglich. In den Alpen und im Himalaja gibt es viele hohe Gipfel, weil es vergleichsweise junge Bergketten sind.

Und in tausend Jahren? Sind sie dann schon geschrumpft?
Bis man das wirklich sehen kann, wird sehr viel mehr Zeit vergehen. Aber nach und nach werden die Gebirge erodieren und kleiner werden. Andere Berge, die sehr viel älter sind, sind heute nur noch kleine Hügel. Sie gehören zu bergigen Ketten, die schon ein paar Millionen Jahre auf dem Buckel haben.

Gibt es auch Berge unter Wasser?
Ja, sogar ganz große und bedeutende Gebirgszüge liegen ganz verborgen unter Wasser. Dabei handelt es sich um Ketten von Unterwasservulkanen. Wie lange Narben markieren solche Bergketten die Mitte aller Weltmeere. Sie heißen Mittelozeanische Rücken. Der größte Unterwassergebirgszug ist der Mittelatlantische Rücken.

Und wie sehen diese Rücken aus?

Stell dir einen 64 000 km langen Riss vor, mit Brüchen und tektonischen Gräben, aus denen ständig Lava austritt. Sie erkaltet sofort und formt dabei neue, kissenartige Schichten.

Wow! Kann man auf denen Ski laufen?

Dazu musst du erst mal Unterwasser-Ski erfinden!

* Was ist ein Metamorphit? → S. 10
* Was macht eine Muschel auf einem Berggipfel? → S. 43
* Kann man auf einem Korallenriff Ski fahren? → S. 79

Leider ziemlich wenig. Der fruchtbare Erdboden ist nur eine ganz dünne, wertvolle Schicht. Er entsteht beim Verwittern der Felsen und enthält zersetzte Pflanzen und Tiere.

Ist sie wirklich so kostbar? Erde liegt doch überall rum.

Nein, das täuscht. Eigentlich ist Erde sehr knapp. Es dauert Hunderte von Jahren, bis sie sich bildet. Für einen Zentimeter braucht man etwa 200 Jahre. Und ein Acker muss zum Beispiel ganze 15 cm dick sein. Weggespült wird ein Boden hingegen in nur wenigen Jahren. Das ist schlimm, denn ohne Ackerboden hungern die Menschen, und es entstehen Erdrutsche und Überschwemmungen.

Schrecklich! Und wer ist schuld daran?

Wasser und Wind bringen die Erde zum Rutschen. Oft verschlimmert der Mensch die Lage: Intensiver Ackerbau laugt die Böden aus, und zu viele Tiere auf der Wiese zerstören die Pflanzen, die den Boden halten und schützen.

Passiert das gerade im Regenwald am Amazonas?

Nicht nur dort. Das ist auch schon in Italien und Griechenland geschehen. Früher waren diese Länder mal mit grünen Wäldern bedeckt. Sie waren nicht so trocken und viel fruchtbarer als heute. Doch jetzt ist nur noch die typische Mittelmeer-Macchie übrig, also stachelige Büsche, die die Landschaft in den Sommermonaten fast steppenhaft aussehen lassen.

* Sind Bäume wichtig für die Erde? → S. 30

WARUM BRECHEN VULKANE AUS?

Ein Vulkan ist wie eine Sektflasche: Schütteln wir die Flasche, knallt der Korken heraus. Das liegt an dem vielen Gas im Sekt.

Und wer schüttelt die Vulkane?

Die Erde natürlich. In ihr drin ruhen Magma, eine geschmolzene Masse aus Gestein mit Mineralien, und jede Menge Gas. Die „Speicher" mit diesem Gemisch nennt man Magmakammern. Das sind unterirdische Gebilde, die ab und zu aufbrechen und einen Schlot zur Erdoberfläche bilden. Durch diesen Schlot drückt das Magma nach oben und schießt den steinernen „Korken" heraus. Der Druck sinkt, und das Gas, das zuvor im Magma eingeschlossen war, entweicht mehr oder weniger heftig. Das nennt man dann Eruption. Das Magma fließt heraus und verändert seine Form. Und seinen Namen.

Wie heißt es denn dann?

Magma, das an die Erdoberfläche kommt, nennt man Lava. Und Lava quillt aus den Vulkanen. Aber Lava ist nicht gleich Lava – je nach ihrer chemischen Zusammensetzung erkaltet die Lava bei unterschiedlichen Temperaturen und bildet ganz verschiedene Gesteine und Mineralien. Flüssigeres Magma führt öfter zu Ausbrüchen, die aber nicht so verheerend sind. Ist das Magma dicker, kann es einen gefährlichen „Pfropfen" bilden und so den kompletten Vulkan wegsprengen.

Das klingt gefährlich! Können wir die Vulkane denn nicht einschläfern, wenn sie ständig brodeln und rumoren?

Nein, gegen die Kraft der Erde können wir nur sehr wenig ausrichten. Zum Glück erlöschen die Vulkane von selbst, ohne unser Zutun. Man muss nur eine halbe Million Jahre Geduld haben und sich von ihnen fernhalten. Auch nach dem Lesen von Jules Vernes „Die Reise zum Mittelpunkt der Erde" würde ich dir nicht raten, in einen aktiven Vulkan zu steigen. Denn was da alles so drinsteckt, wissen wir bis heute nicht genau.

Was weiß man denn so alles von Vulkanen?

Von außen betrachtet funktioniert ein Vulkan ganz einfach. Es gibt einen Kegel, den man auch mit einem Kamin vergleichen kann. Er ist durch einen Schlot mit der Magmakammer verbunden. Aus dem Kegel strömt die Lava. Es gibt verschiedene Vulkantypen: Vulkane, die bis zu 1000 m hoch sind, und Vulkane mit ganz flachem Hügel, manche sind sehr spitz, und andere haben viele Kilometer breite Durchmesser. Über das Innere von Vulkanen wissen wir wenig, auch wenn mutige Forscher schon drinnen waren.

Aber eben hast du gesagt, dass das nicht geht!

Ja, bei aktiven Vulkanen. Einige Vulkane sind schon lange erloschen, und ein paar ganz besonders heldenhafte Geologen sind durch alte Lavaschlote in die Magmakammern geklettert. Diese Kammern sind nicht sehr tief, aber sie können einige Kilometer lang sein und haben die Form eines zerdrückten Eis. Doch auch nach den Klettertouren in ihr Inneres hüten die Vulkane noch viele Geheimnisse, die bis heute nicht geklärt werden konnten.

Wissen wir denn wenigstens, wo genau es Vulkane gibt?

Wenn du dir eine geografische Weltkarte anschaust, merkst du sofort, dass Vulkane nicht rein zufällig verteilt liegen. Nur ab und zu steht ein Vulkan ganz einsam herum, aber das ist die Ausnahme. Sie befinden sich fast alle an den Rändern von Kontinental- oder ozeanischen Platten mitten im Meer. Die Vulkane an Land sind schon sehr gut erforscht, die im Meer geben uns jedoch noch jede Menge Rätsel auf.

Haben Vulkane etwas mit den Erdbeben zu tun?

Die beiden Phänomene sind nicht direkt verbunden, aber es ist auch kein Zufall, dass ein Vulkangebiet häufig von Erdbeben erschüttert wird. Das liegt an der ständigen Bewegung der Erdkruste.

Kann man vorhersagen, wo ein Vulkan entsteht?

Nur, wenn man die Aktivitäten der Erde kennt. Dort, wo die Erde besonders eifrig brodelt, erhebt sich früher oder später ein Vulkan.

* Warum bewegt sich die Erde? → S. 21
* Gibt es Vulkane unter Wasser? → S. 34
* Welches sind die gefährlichsten Vulkane? → S. 50

WAS IST EIN FOSSIL?

Fossilien sind Überreste toter Tiere oder Pflanzen aus dem Meer oder vom Land, die im Sedimentgestein eingeschlossen wurden. Hier findet man die ersten Lebensformen, Dinosaurier und die ersten Menschen. Fossilien sind wertvolle Spuren, um das vergangene Leben zu erforschen.

Wer hat sie so getauft?

Das Wort „Fossil" ist sehr alt. Es kommt von dem lateinischen „fossilis" und bedeutet so viel wie „ausgegraben". Diese Fundstücke gaben den Menschen über viele Jahrhunderte hinweg schwierige Rätsel auf. Erst das Genie Leonardo da Vinci begriff vor über 500 Jahren, was die Fossilien-funde beweisen: nämlich, dass das Meer vor Urzeiten auch das Festland bedeckte. Wie sollte man sich sonst das Muschelfossil auf dem Berg erklären? Leonardo erkannte, dass die Erde große Veränderungen durch-gemacht hat und sich ständig weiter verändert. Und er fand heraus, dass man an den vielfältigen Merkmalen einer Muschel ihr Alter bestimmen kann. Umso einfacher sie geformt ist, umso älter ist sie. Leider erfuhr man aber erst vor rund 400 Jahren etwas von diesen spannenden Erkenntnissen.

Freust du dich noch, wenn du Fossilien findest?

Sehr! Vor allem, wenn sie uralt sind, wie die Trilobiten aus Pennsylvania oder die Graptolithen aus Sardinien. Diese Tiere haben vor mehr als 300 Millionen Jahren gelebt.

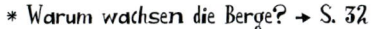

* Warum wachsen die Berge? → S. 32
* Gab es die Erde schon immer? → S. 9

WAS IST EIN GLETSCHER?

Zunächst einmal ist ein Gletscher ein herrliches Naturschauspiel aus zahlreichen Farben und Lichtreflexen. Er besteht aus einer riesigen Eismasse, die sich in kalten Gegenden bildet. Dabei werden die Schneeschichten durch ihr eigenes Gewicht zusammengedrückt.

Aber Gletscher sind nicht nur schön, sondern auch wichtig, oder?

Ja, sehr sogar. Wir müssen alles tun, sie zu schützen. Das Eis enthält zwei Prozent der Hydrosphäre. Das ist die gesamte Wassermenge auf der Erde, die aus 1,4 Milliarden Kubikkilometern Wasser besteht. Das Süßwasser der Gletscher macht 25 Millionen Kubikkilometer davon aus. Diese kalten Regionen der Erde beeinflussen Winde und Strömungen. Schmelzen die Gletscher, gelangt viel Süßwasser in die Ozeane und verändert die Meeresströmungen. Gletscher reflektieren das Licht und kühlen die Luft ab. Schmelzen sie, absorbieren sie mehr Licht, und die Luft erwärmt sich. Also: Gletscher und Polkappen sind sehr wichtig, um das Klima auf der Erde im Gleichgewicht zu halten.

Und wie überstehen die Gletscher den heißen Sommer?

Dort, wo es Gletscher gibt, wird es erst gar nicht richtig heiß, auch im Sommer nicht. Jeder Gletscher entsteht in einem Nährgebiet. Dort sammelt sich der Schnee, presst sich zusammen und verwandelt sich in Eis. Das Eis schiebt sich dann in einer langen Zunge ins Tal.

Was denn für eine Zunge? Zum Eislecken?

Die Zunge ist eine Art Fluss aus Eis, der ins Tal strömt. Sie reicht von der höchsten Stelle des Gletschers bis zur tiefsten, wo sie anfängt zu schmelzen. Dabei wird der Gletscher von oben ständig mit neuem Eis gefüttert. Durch diese Bewegung bleibt der weiße Riese lebendig und gefroren.

Und wo strecken Gletscher ihre Zunge raus?

Eigentlich überall auf der Welt. In den Bergen gibt es Gebirgsgletscher. Das sind die kleinsten. In Grönland oder der Antarktis findet man Kontinentalgletscher, die sehr viel größer sind. Sie umfassen 80 Prozent des Eises der Erde.

Welcher ist dein Lieblingsgletscher?

Das ist der Mandrone in der Adamellogruppe in Südtirol. Im Sommer kann man darauf herumlaufen.

Stimmt es, dass die Gletscher abschmelzen?

Leider. Das Klima wandelt sich, wegen der Umweltverschmutzung und der Ausbeutung der Bodenschätze. Das führt zur Erderwärmung und damit auch zum Abschmelzen der Gletscher.

Was passiert, wenn die Gletscher ganz schmelzen?

Wenn alle Gebirgsgletscher abschmelzen, würde sich der Meeresspiegel um 70 m anheben. Viele Küstenstädte würden dann im Wasser versinken.

Und wenn der Nordpol schmilzt? Werden wir dann tiefgefroren?

Der Nordpol ist ein Eismeer. Gefrorenes Wasser hat ein

größeres Volumen als flüssiges. Daher schwimmt das Eis, der größte Teil befindet sich jedoch unter Wasser. Es mag sonderbar erscheinen, aber selbst wenn das ganze Packeis schmelzen würde, würde der Meeresspiegel um keinen einzigen Zentimeter ansteigen. Trotzdem wäre es eine große Umwelt-katastrophe, denn ohne Eis gäbe es auch keine Eisbären mehr!

Was können wir tun, um die Gletscher zu retten? Ich könnte ein Stück in meinem Gefrierfach aufbewahren!

Das ist sehr großzügig, aber um Gletscher einzufrieren, braucht man viel zu viel Energie. Und das ist auch wieder schlecht für die Umwelt! Das Einzige, was wir tun können, ist, achtsamer mit unserer Umwelt umzugehen. Denn auch der Mensch ist schuld am Abschmelzen der Eismasse. Jeder Einzelne trägt seinen Teil dazu bei. Nicht nur die Umweltverschmutzung, sondern auch das Skifahren macht die Gletscher kaputt.

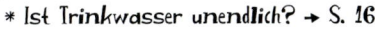

* Ist Trinkwasser unendlich? → S. 16
* Warum soll man die Flüsse schützen? → S. 63
* Warum ist es gefährlich, zu viele Bäume abzuholzen? → S. 31

WAS SOLL ICH TUN, WENN DIE ERDE BEBT?

Zuallererst: keine Panik kriegen!

Das sagst du so einfach!

Renn niemals die Treppen runter, und nimm auf gar keinen Fall den Aufzug! Oft fällt während einem Erdbeben der Strom aus, und dann bleibt man stecken. Und im Treppenhaus kann dir ein Stück von der Decke auf den Kopf fallen. Bleib lieber, wo du bist.

Ich soll also einfach nur dasitzen und darauf warten, dass das Haus über mir zusammenbricht?!?

Nein! Am besten kriechst du unter einen stabilen Tisch oder ein Bett oder stellst dich in den Türrahmen in einer tragenden Mauer. Als Vorsichts-maßnahme könntest du einige Dinge an den Wänden festdübeln, wie zum Beispiel den Fernseher. Und dann kannst du nur hoffen, dass das Haus nach Vorschrift erbaut wurde und stabil ist.

Zweifelst du daran?

Nicht das Erdbeben tötet, sondern ein schlecht gebautes Haus, das zusammenbricht. In Japan schwanken die Häuser bei einem Erdbeben ganz schrecklich, aber sie stürzen nicht ein. Das sind antiseismische Gebäude, also Häuser, die erdbebensicher sind. Nicht überall auf der Welt wird immer nach diesem Prinzip gebaut. Nur deshalb konnte zum Beispiel das Beben in der italienischen Stadt L'Aquila im Jahr 2009 so viele Menschen unter sich begraben und so schlimme Schäden anrichten. Auch wenn es furchtbar klingt ... hier hatte der Mensch mehr Schuld als die Natur.

* Warum treffen Erdbeben so oft bestimmte Regionen? → S. 29
* Wie kann man ein Erdbeben voraussehen? → S. 60

LAUFEN VULKAN-AUSBRÜCHE IMMER GLEICH AB?

Nein, das wäre zu einfach. Es gibt ganz verschiedene Arten von Ausbrüchen. Und alle sind mit ganz unterschiedlichen Geschichten verknüpft. Fangen wir mal mit einem ganz berühmten Ausbruch an: mit dem, der Pompeji zerstört hat.

Was war das für ein Ausbruch?

Er wird plinianische Eruption genannt. Der Römer Plinius der Jüngere, Neffe des gleichnamigen Schriftstellers, war vor fast 2000 Jahren gerade in der Gegend von Pompeji und Herculaneum, als der Vesuv ausbrach. Plinius hat in seinen Briefen alles haargenau beschrieben. Es gab eine gewaltige Eruption, die eine riesige Aschewolke erzeugte. Alles ging ganz schnell. Die Wolke bedeckte die ganze Stadt und verwüstete sie innerhalb von zehn Sekunden. Plinianische Eruptionen kommen ziemlich oft vor und sind sehr zerstörerisch. Dann gibt es noch eine zweite Eruptionsart.

Hat die auch was mit Italien zu tun?

Kann man so sagen. Nördlich von Sizilien liegen die Äolischen Inseln, und eine davon heißt Vulcano. Sie hat den vulkanischen Eruptionen ihren Namen gegeben. Sie sind so heftig, dass sie zum Teil den ganzen Vulkankegel zerstören. Rauch und Asche werden Hunderte Meter in die Höhe geschleudert. Die dichten grauen Wolken haben die Form eines Regenschirms, aus denen die Asche langsam zu Boden fällt. In den Ruhephasen bildet sich im Vulkankegel ein Lavapfropfen, der den Schlot verschließt und die nächsten Eruptionen noch explosiver macht.

Jetzt kriege ich langsam Angst. Ist das anderswo auch so?

Nicht ganz so doll. Soll ich dir mal von den hawaiianischen Eruptionen erzählen, die es nur auf Hawaii im Pazifischen Ozean gibt?

Ja, bitte. Das wird bestimmt ganz apokalyptisch.

Da muss ich dich enttäuschen, denn die hawaiianischen Eruptionen sind viel ruhiger. Die basaltische Lava fließt ganz schnell, aber ohne Explosionen. Sie bildet Seen und Fontänen, und die sind eine echte Touristenattraktion. Ähnlich geht es auf Island zu. Und in Italien gibt es neben den spektakulären auch ruhige Ausbrüche.

Zum Glück. Wo sind die?

Auf der Insel Stromboli, in der Nähe von Vulcano. Die Spitze der Insel, also der Vulkankegel, wird ständig von kleinen Explosionen erschüttert. Sie werfen Lava aus, die nicht zu dünn- und nicht zu dickflüssig ist. Über allem erhebt sich eine weiße Dampfwolke. Schon vor 2000 Jahren haben Seefahrer den Feuerschein der Explosionen genutzt, um sich in der Nacht zu orientieren. Die Insel wurde damals „Leuchtturm des Mittelmeers" genannt.

Welcher war der größte Vulkanausbruch aller Zeiten?

Das ist schwierig zu sagen. In der Moderne war wohl der Ausbruch der Montagne Pelée auf Martinique 1902 der verheerendste. Er war so stark, dass seitdem alle ähnlichen Eruptionen als peleanisch bezeichnet werden. Die Glutwolke, die damals hervorbrach, hat die Stadt Saint-Pierre mit ihren 28 000 Einwohnern dem Erdboden gleichgemacht. Wahrscheinlich hatte sich ein besonders dicker Pfropfen gebildet, der die Eruption so gewaltig machte. Der verschlossene Schlot bewirkte, dass die Glutwolke auch aus Rissen am Hang schoss, die sich durch den großen Druck gebildet hatten.

Nur zur Sicherheit: Wie ist es um die italienischen Vulkane bestellt? Müssen wir uns Sorgen machen?

Die aktiven sind in Bestform: Der Vesuv ist zuletzt 1944 ausgebrochen, der Ätna spuckt im Schnitt alle zwei Jahre Feuer, der Stromboli ist permanent in Aktion, genauso wie der Vulcano. Aber auch die Vulkane, die erloschen scheinen, wie die Phlegräischen Felder in der Nähe vom Vesuv, könnten wieder erwachen. Genauso wie der Laacher-See-Vulkan in der Eifel, der vor fast 13 000 Jahren ausbrach und zurzeit wieder schläft.

Hast du dich schon mal an der Lava verbrannt?

Fast. Als ich einmal auf dem Ätna war, sind meine Schuhe fast an einem Lavastrom geschmolzen, weil ich zu dicht dran war. Die Lava ist so heiß, dass man immer großen Abstand halten sollte.

* Gibt es noch eine geologische Art, sich die Füße zu verbrennen? → S. 86
* Welches waren die stärksten Erdbeben? → S. 28
* Was haben Edelsteine mit Magma zu tun? → S. 57

IST DIE ERDE WIRKLICH RUND?

Nein, da muss ich dich enttäuschen. Die Erde ist ganz und gar nicht rund.

Ist sie etwa doch platt wie eine Scheibe?

Nein. Sie wäre eine perfekte Kugel, wenn sie unbeweglich wäre und nur aus einem Material bestünde. Stattdessen besteht sie aus vielen Schichten, die alle unterschiedlich schwer sind. Man könnte die Erde also mit einer Zwiebel vergleichen. Die verschiedenen Schichten machen ihre Form so unregelmäßig. Außerdem führt die Zentrifugalkraft der Erddrehung dazu, dass sie an den Polen abgeflacht und am Äquator ausgebeult ist.

Die Erde ist also eine Kugel mit dickem Bauch? Mit einem Schwimmring?

Die genaue Form der Erde ist ein Ellipsoid. Das ist eine dreidimensionale Figur, die mit schwierigen mathematischen und physikalischen Formeln berechnet wird.

An was erinnert dieses Ellipsoid denn am meisten?

Am ehesten sieht es aus wie eine Birne oder eine Quitte.

Hatte die Erde schon immer so eine eigenartige Form? Und dreht sie sich seit Urzeiten in dieselbe Richtung?

Ja und nein. Die Erde sah eigentlich immer schon so aus, doch die Achse, um die sie kreist, dreht sich alle 25 800 Jahre auch um sich selbst. So verändert sie auch ihre Position. Du siehst schon, auf diesem Planeten wird es wirklich nie langweilig.

* Bleibt die Erde immer gleich, oder verändert sie sich? → S. 7
* Wie groß ist die Erde eigentlich? → S. 72

KÖNNEN NEUE MINERALIEN ENTSTEHEN?

Gegenfrage: Was ist der Unterschied zwischen Gesteinen und Mineralien?

Äh, Gesteine sind ... also ... ich sag mal ... zum Beispiel ... na jaaa ... Okay, ich geb's zu, ich hab keine Ahnung.

Unsere Erde besteht aus Gestein. Und das Gestein setzt sich wiederum aus Mineralien zusammen.

Und woraus bestehen die Mineralien?

Die wichtigsten Bestandteile der Mineralien sind Sauerstoff, Wasserstoff, Kohlenstoff, Silizium, Natrium, Kalzium und Aluminium. Aus diesen Elementen bestehen auch Sterne und Planeten, Tiere und Pflanzen. Es hört sich seltsam an, aber auch wir sind aus den gleichen Elementen gemacht wie die Mineralien.

Bestehen alle Mineralien aus den gleichen Elementen?

Ein Mineral kann aus einem Element sein, wie zum Beispiel Gold oder Diamant (der aus reinem Kohlenstoff besteht), oder aus verschiedenen Elementen. Quarz setzt sich zum Beispiel aus Silizium und Sauerstoff zusammen, Pyrit enthält Schwefel und Eisen.

Wie unterscheidet man Mineralien?

Anhand der Elemente, aus denen sie sich zusammensetzen, und daran, wie diese Elemente geometrisch angeordnet sind. Fast alle Mineralien bilden Kristalle. In ihnen sind die Elemente in regelmäßigen Strukturen angeordnet. Anhand dieser Regelmäßigkeiten kann man Mineralien ganz genau unterscheiden.

Wie entsteht ein Mineral?

Einige Mineralien bilden sich im Magma, indem sie beim Abkühlen kristallisieren. Quarz zum Beispiel. Manchmal wäscht das Wasser

unterschiedliche Elemente aus dem Boden, die dann an der Oberfläche Kristalle formen. So entstehen die größten Kristalle der Welt.

Können auch ganz neue Mineralien entstehen?

Klar, vor allem tief in der Erde, wo das Gestein von den darüberliegenden Schichten zusammengedrückt wird. Das verformt die Mineralien und presst sie zu neuen, unbekannten oder sehr seltenen Mineralien.

Und wie sieht es unter Wasser aus? Bilden sich Mineralien auch im Meer?

Sicher. Die im Wasser gelösten Elemente können als Salze auf den Grund sinken und dort kristallisieren. Das passiert ganz häufig, zum Beispiel in einer Saline. Du kannst auch einen Kristall zu Hause ziehen. Das machst du am besten in einem Topf ...

Ich hol schnell einen.

Gut. Bei dem Experiment sollten Kinder sich aber von einem Erwachsenen helfen lassen. Erhitze das Wasser und füge Alaun-Salz hinzu. Vermische alles so lange, bis sich kein Salz mehr auflöst. Jetzt ist die Lösung gesättigt, das heißt, sie kann kein Körnchen Salz mehr aufnehmen. Nun lässt du sie ruhen.

Ein paar Millionen Jahre?

Nein, ein paar Stündchen reichen schon. Auf dem Grund der Schüssel bildet sich dann eine feste Salzschicht. Kippe das Wasser ab, hol die Kruste heraus und brich sie in Stücke. Eines davon bindest du an einen Faden und hängst es in eine zweite Alaun-Lösung. Jetzt wartest du wieder. Dieses Mal mindestens eine Woche.

Was passiert dann?

Nach einer Woche bildet sich um den Faden ein Alaun-Kristall, der so lange wächst, solange es Salz in der Lösung gibt. Das ist dein hausgemachter Kristall.

Wow! Und stimmt es, dass Computer mit Mineralien funktionieren? Dann könnte ich meinen Kristall ja als Computerchip umfunktionieren!

In gewisser Weise schon. Die Mikrochips bestehen aus Silizium und aus ganz vielen Metallen, die aus den Mineralien gewonnen werden. Ohne sie gäbe es heute keine Elektronik!

* Sind die Steine alle gleich? → S. 10
* Was macht einen Stein wertvoll? → S. 66
* Ist die Koralle im Meer ein Mineral? → S. 79

KANN MAN EIN ERDBEBEN VORAUSSAGEN?

Schön wär's! Wenn das ginge, könnte man viel Schaden vermeiden und zahlreiche Menschenleben retten.

Und warum versucht man das dann nicht?

Bislang wurde leider keine magische Kristallkugel erfunden, die die Stöße voraussagen kann. Den genauen Ort und exakten Zeitpunkt eines Bebens kann man nie vorherbestimmen. Aber ein paar physikalische und chemische Größen der Umgebung helfen uns schon ein bisschen weiter, wann und wo ein Beben entstehen könnte.

Verrat doch mal einen typischen Hinweis auf ein Erdbeben. Ich glaube, die Gläser wackeln schon ...

Kurz vor einem Erdbeben verändert sich beispielsweise der Wasserstand in den Brunnen. Das weiß man ganz sicher.

Ich schau gleich mal nach. Hast du noch einen Tipp?

Nach einer chinesischen Tradition kündigt sich ein Erdbeben an, wenn die Mäuse den Getreidespeicher verlassen und die Haustiere ins Freie laufen. Tiere haben wohl ein feineres Gespür dafür, wann die Erde ins Wanken gerät. Die Wissenschaft behauptet, dass ein Erdstoß kurz bevorsteht, wenn mehr von dem radioaktiven Gas Radon aus der Erde strömt. Aber auch wir Geologen wissen erst ab einem bestimmten Moment alle wichtigen Details über das Beben.

Und wann ist der?

Leider erst einen Tag später. Und dennoch werden wir immer wieder beschuldigt, nicht gewarnt zu haben ...

* Wie kann man die Schäden bei einem Erdbeben begrenzen? → S. 48
* Wie verhindert man Überschwemmungen? → S. 63

WARUM TRETEN FLÜSSE ÜBER DIE UFER?

Das ist ganz einfach: Flüsse sind nicht dafür gemacht, in ihren Betten zu bleiben, also laufen sie manchmal über. Jedes Mal, wenn es eine Überschwemmung gibt, zeigen wir auf den Himmel, dabei liegen die wahren Gründe für das Flutunglück bei uns auf der Erde.

Heißt das, der Regen hat nichts damit zu tun?

Doch, natürlich trägt auch der seinen Teil dazu bei. Man muss die Regenmengen im Auge behalten und Vorhersagen treffen, aber man muss auch damit leben, dass sich der Regen verändert hat. Heute können in wenigen Stunden 300 oder 400 mm Wasser herunterkommen. Eine solch große Menge ist früher über mehrere Wochen oder Monate gefallen. Die heutigen Regenmassen führen natürlich viel häufiger zu gefährlichen Überschwemmungen. Aber hätten wir die Lektion der alten Ägypter gelernt, würde uns das keine Probleme bereiten.

Warum? Schützen Pyramiden vor Überschwemmungen?

Nein. Aber man hat etwas Spannendes festgestellt: Alle Siedlungen der alten Ägypter lagen am Nil, der regelmäßig über die Ufer trat und das Land überschwemmte. Ein langer, breiter Strom – da sind heftige Überschwemmungen vorprogrammiert: Was sollte man dagegen tun?

Schwimmen lernen auf jeden Fall. Und hohe Dämme bauen.

Oder gerade keine Dämme errichten und die Überschwemmungen stattdessen als ein Naturphänomen akzeptieren – so haben es beispielsweise die alten Ägypter getan. Statt nah am Ufer Häuser, Geschäfte und Lagerhallen zu errichten, könnten wir am Fluss beispielsweise Pflanzen anbauen, die gut und gerne in feuchten Gebieten wachsen. So würde man den Fluss mit seinen Eigenheiten respektieren.

Aber gibt es nicht auch einen Weg, den Fluss zu schätzen und an ihm zu leben, ohne ständig seine Wassermassen zu fürchten?

Klar, aber einen Fluss zu achten heißt vor allem, seine Bedürfnisse zu kennen. Heute, nach ein paar Tausend Jahren „Zivilisation", sind die Flussläufe verdreckt. Wir besiedeln immer mehr Überflutungsgebiete und bauen immer höhere Deiche. Das macht die Über-schwemmungen noch gefährlicher – und sie werden immer häufiger und heftiger.

Und das liegt an dem vielen Regen?

Ja, in den letzten Jahren gab es allein in Deutschland viele sintflutartige Überschwemmungen, zum Beispiel stand 1995 Köln unter Wasser, zwei Jahre später ließ die Oder die Deiche brechen, und 2002 herrschte starkes Hochwasser an der Elbe. Weltweit sterben jedes Jahr 10 000 Menschen in den Fluten. Der Regen ist aber nur eine Ursache davon. Eine andere ist die Rodung der Wälder. Als es noch viele Wälder gab und noch keine künstlichen Kanäle gegraben wurden, brauchte das Regenwasser viel länger, um in den Fluss zu gelangen. Es floss langsamer und versickerte und verdampfte, bevor es in die Fluten spülte. Pflanzen und Bäume können außerdem große Wassermassen aufnehmen und zurückhalten. Sie sind also der perfekte Hochwasserschutz. Leider haben das viele Menschen noch nicht so richtig verstanden …

Alles klar: Die Menschen sind also mal wieder schuld!

Na ja, das ist nicht nur unsere Schuld, aber wir haben stark dazu bei-getragen: Rodungen, Feuer oder Begradigungen der Flüsse sind meist menschengemacht. All diese Dinge tragen zur Erosion und Auslaugung des Bodens bei, das heißt, dass Gestein und Erde abgetragen wird. Außerdem wird immer mehr Boden durch Asphalt und Zement versiegelt, sodass das Wasser nicht mehr aufgenommen werden kann. Du musst nur mal darauf achten, wie schnell sich bei einem starken Regenfall das Wasser auf den Straßen sammelt. In der Stadt ist das noch auffälliger als auf dem Land. Würden wir also die Natur in Ruhe lassen, wären bestimmt auch die Flüsse besser auf uns gestimmt.

Und wenn wir den Flüssen weiter den Platz rauben?

Dann holen sie ihn sich zurück. Und überraschen uns mit großer Wucht, wenn wir es gar nicht erwarten.

* Was bewirkt all das Wasser auf der Erde? → S. 17
* Warum sind Bäume und Flüsse voneinander abhängig? → S. 31

WARUM SIND MANCHE STEINE WERTVOLL UND ANDERE NICHT?

Edelsteine sind ganz besondere Mineralien. Sie sind entweder besonders selten, ganz hart oder durchsichtig und funkelnd. Um so außergewöhnlich zu werden, brauchen Edelsteine sehr viel Zeit. Wie die wertvollen Diamanten, sie sind das härteste Mineral in der Natur.

Wie wiegt man einen Diamanten?
Mit den Samen des Johannisbrotbaums, einem immergrünen Baum.

Und das soll funktionieren? Wie denn genau?
Ein getrockneter Johannisbrotbaumsamen wiegt etwa ein Fünftel Gramm. Seit der Antike misst man mit diesen Samen Edelsteine ab. Sie heißen Karat. Der Cullinan-Diamant, der 1905 in Südafrika gefunden wurde, war ein besonders edler und schwerer: Er wog 3106 Karat. Heute gehören die Cullinan-Brillanten zu den Kronjuwelen der britischen Königin.

Wow! Kann man Diamanten nicht einfach selber bauen oder zu Hause züchten?
Nein. So hohe Temperaturen und so hohen Druck kann niemand erzeugen. Das schafft nur die Erde selbst.

Welcher Stein ist am seltensten?
Bestimmte Turmaline sind noch seltener als Diamanten. Aber auch seine Größe macht einen Stein selten und wertvoll.

* Wie entstehen Kristalle? → S. 58
* Ist eine Koralle ein wertvoller Stein? → S. 78

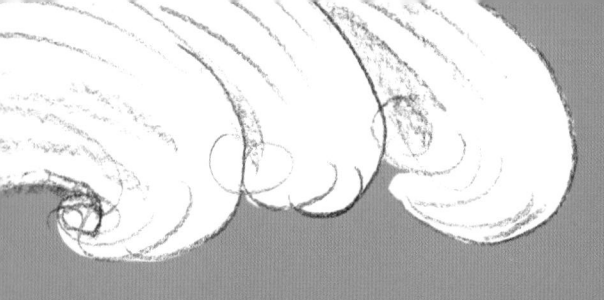

WAS IST EIN TSUNAMI?

Ein Tsunami ist eine Riesenwelle, die durch ein Beben am Meeresgrund entsteht. Das ist so, als ob jemand plötzlich den Boden einer Wanne hochheben würde. Sollen wir mal einen Tsunami nachmachen?

Mama wird das bestimmt nicht gefallen, aber ich mach mit. Was muss ich tun?

Fülle eine Schüssel randvoll mit Wasser, hebe sie an und schlage von unten mit der Hand gegen den Boden. Die Wasseroberfläche kräuselt sich, es bilden sich Wellen, die fast überschwappen, je nachdem, wie stark du schlägst. Im Ozean können bei einem Seebeben aus diesen kleinen Wellen meterhohe Brecher werden, die dann über das Land rollen.

Sind die Wellen immer gleich hoch?

Nein, das hängt vom Meeresgrund ab. Je tiefer das Meer ist, umso kleiner sind die Wellen an der Oberfläche. Aber wenn ein Tsunami auf die flache Küste trifft, wird das Wasser zusammengestaucht. Die Wellen werden immer schneller und bauen sich auf. Sie können von wenigen Metern Höhe bis über 100 m groß werden. Kannst du dir das vorstellen?

Nein, überhaupt nicht. Kommt das oft vor?

Glücklicherweise passiert das nur äußerst selten. Die unglaublichsten Tsunamis sind von abstürzenden Meteoriten ausgelöst worden. Man vermutet, dass die Wellen der Meteoriten ein Grund waren, warum die Dinosaurier vor 65 Millionen Jahren ausstarben.

Erdbeben, Meteoriten – was verursacht noch einen Tsunami?

Ausbrüche von Unterwasservulkanen können zu Seebeben führen, die Hunderte Meter hohe Wellen erzeugen. Nach einer heftigen Eruption

kann ein ganzer Vulkan zusammenbrechen und riesige Wellen verursachen. Als der indonesische Vulkan Krakatau 1883 ausbrach, schleuderte er erst alle Lava aus seiner Magmakammer, dann brach der Vulkan in sich zusammen, und im Meer drum herum entstanden bis zu 40 m hohe Flutwellen, die man sogar in Europa noch bemerkte.

2011 wurde Japan von einem Tsunami verwüstet. Wie konnte es zu so einer schlimmen Katastrophe kommen? Kann man sich wirklich nicht davor schützen?

Der Tsunami in Japan war riesig, zwischen 10 und 38 m hoch. Er folgte auf das bisher schwerste Erdbeben in Japans Geschichte und überflutete weite Teile der Insel. Eine gigantische, mehrere Hundert Kilometer lange Welle rollte bis zu 10 km ins Landesinnere. So hoch und so lang war keine der Mauern gegen die Flut. Denn tragischerweise kann niemand vorhersehen, wo ein Tsunami auftritt und wie hoch er wird. Obwohl die Japaner sich mit Erdbeben sehr gut auskennen, wurden sie von der Riesenwelle überrascht und konnten sich nicht schützen.

Ich habe mal von einem Mega-Tsunami gehört. Gibt's den wirklich?

Ja, aber der kommt noch viel seltener vor. Manchmal verursachen Erdrutsche ganz besonders hohe Wellen, vor allem, wenn viel Erde abbricht und in eine kleine, flache Bucht rutscht. Das ist, als würdest du einen großen Stein mit voller Wucht in eine Wasserschüssel werfen. Einen solchen Mega-Tsunami gab es 1958 in Alaska.

Gibt es Vorzeichen, die einen Tsunami ankündigen?

Wenn der Meeresgrund bebt, kann es immer sein, dass es zu einem Tsunami kommt. Dann sollte man sofort die Küstenbewohner warnen.

Ist schon mal jemand auf einem Tsunami gesurft?

Nein, das funktioniert nur im Comic. Im wirklichen Leben ist es völlig unmöglich, auf einer Tsunami-Welle zu surfen. Sie ist zehn Mal so schnell wie eine normale Welle. Und hat eine viel größere Wucht: Sie verschiebt die gesamte Wassermasse bis zum Meeresgrund! Es bewegt sich also nicht nur die Oberfläche, wie bei einer Welle, die vom Wind erzeugt wird. Und anders als eine normale Welle bricht ein Tsunami auch erst dann, wenn er auf ein Hindernis trifft.

* Warum bewegt sich die Erde? → S. 21
* Warum gibt es Erdbeben? → S. 26
* Kennen wir versunkene Vulkaninseln? → S. 81

WIE GROSS IST DIE ERDE GENAU?

Die Erde ist keine perfekte Kugel, daher ist es sehr kompliziert, ihre Größe genau zu berechnen. Sicher ist auf jeden Fall, dass ihr Umfang am Äquator 40 077 km beträgt.

So viele Kilometer? Wie lange würde ich für eine Umrundung brauchen?

Das ist ungefähr zehn Mal die Strecke vom Nordkap in Norwegen nach Süditalien oder etwa 45-mal die Luftlinie von Berlin nach Paris. Mit einem Auto bei einer Geschwindigkeit von 100 km/h wärst du ohne Pause mehr als zwei Wochen unterwegs.

Eine ganz schön lange Strecke, allerdings hab ich gar keinen Führerschein.

Ich würde dich fahren. Wir könnten auch eine Abkürzung nehmen: Wenn wir nicht den Äquator entlangfahren, sondern vom Nordpol zum Südpol und wieder zurück, wären es 43 km weniger. Und das nur, weil die Erde an den Polen abgeflacht ist.

Sind diese Abmessungen zu irgendetwas nütze?

Natürlich. Jeder Linienflug nutzt diese Daten bei der Navigation und den Landungen, und zwar auf den Zentimeter genau.

Und wie viel wiegt unser Planet?

Die Rechnung ist ganz einfach: 1000 Milliarden Quadratkilometer mal einer Durchschnittsdichte von 5,5 g/cm^3. Na, was kommt dabei raus ...?

* Wie alt ist unsere Erde? → S. 9

GEHT DIE ERDE KAPUTT, WENN WIR SIE WEITER AUSBEUTEN?

Wir Menschen haben zwei große Probleme: Erstens sind wir zu viele, und zweitens verbrauchen wir zu viel Energie!

Können wir diese Probleme lösen?

Das wird ziemlich schwierig. Die Erde ist vor 4,5 Milliarden Jahren entstanden und hat sich seitdem kaum verändert. Es gibt bereits über sieben Milliarden Menschen, und wir werden immer mehr. Vor langer Zeit passten wir gut in das System der Erde und lebten in Harmonie mit den Tieren. Aber seit etwa 40 Jahren beuten wir die Erde so sehr aus, dass sie uns nicht mehr standhalten kann. Wir plündern sie zu doll und zu schnell und machen uns gleichzeitig von ihren Bodenschätzen, wie zum Beispiel dem Erdöl, abhängig.

Was genau ist Erdöl?

Erdöl ist eine zähflüssige dunkelbraune bis schwarze Masse. Sie bildet sich ganz natürlich auf der Erde und eigentlich sehr einfach.

Einfach? Aber alle behaupten, Erdöl sei superwertvoll und werde immer weniger ...

Man braucht ein bisschen Glück, dass alle benötigten Stoffe zur selben Zeit am selben Ort sind. Erdöl entsteht aus einer Mischung aus Sediment und toten Organismen, vor allem Weichtieren und Algen. In einem nicht zu tiefen Meer, wo es keinen Sauerstoff gibt, lagern sich diese schneller ab als anderswo. Dort entsteht dann ein glibberiger Faulschlamm. Und der wird zu Erdöl.

Wie passiert das genau?

Man muss nur ein paar Millionen Jahre lang warten. So lange brauchen der Druck und die Hitze im Schlamm nämlich, um eine chemische Reaktion in Gang zu setzen. Es bildet sich eine flüssige Kohlenwasserstoffmischung, das eigentliche Erdöl. Das dauert zwar wirklich lange,

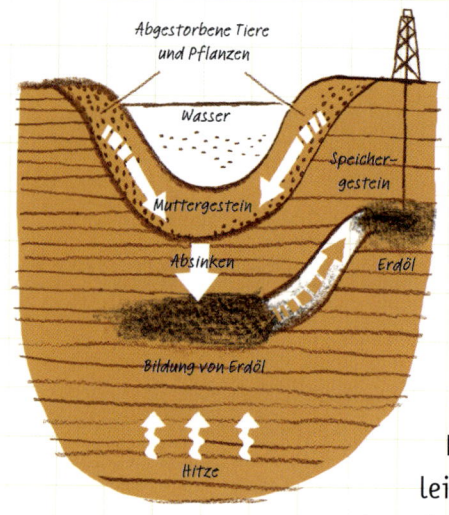

Abgestorbene Tiere
und Pflanzen

Wasser

Speicher-
gestein

Muttergestein

Absinken

Erdöl

Bildung von Erdöl

Hitze

passiert aber ziemlich häufig. Das Erdöl geht dann auf Wanderschaft – und damit fangen die Probleme an.

Auf Wanderschaft? Wohin denn?

Vom Muttergestein wird das Erdöl in ein Speichergestein gedrückt. Auf dieser kilometerlangen Reise durch die Poren des Gesteins geht viel des sehr leichten Erdöls in der Erdoberfläche oder den Tiefen der Erde verloren. In Zukunft müssen wir uns zuverlässigere Energiequellen erschließen, die außerdem die Umwelt nicht so doll belasten. Zum Beispiel die Geothermie.

Geotherwas?

Geothermie. Das ist Erdwärme, aus der man Energie gewinnen kann. Liegt zum Beispiel ein Vulkan in der Nähe, könnten die Menschen ihren Energiebedarf durch saubere, erneuerbare Energie decken. Erneuerbar bedeutet, dass die Energie quasi unerschöpflich ist. Mit Geothermie kann man die Wärme aus dem Boden direkt nutzen, ohne dass dabei Energie verloren geht. Bei den normalen Umwandlungsprozessen passiert das nämlich immer.

Das ist doch eine sehr gute Idee. Warum machen wir das nicht alle so?

Leider ist der Untergrund nicht überall gut geeignet, um die Erdwärme zu nutzen. Dazu braucht man eine sehr heiße unterirdische Quelle und sehr poröses Gestein darüber. Das Gestein funktioniert dann wie ein Schwamm, der eine Mischung aus Wasser und Dampf aufnimmt, die auf 180 Grad Celsius abkühlt. Über dem Schwamm muss es eine undurchlässige Tonschicht geben, damit die Hitze nicht entweicht. So ein geothermischer Untergrund braucht nur angestochen werden. Dann entweicht weißer Dampf, und man hat eine umweltfreundliche Energiequelle.

Ganz schön kompliziert.

Nein, gar nicht. Viel einfacher als auf der Hochsee nach Erdöl zu bohren. In der Toskana nutzt schon jede vierte Familie diese erneuerbare Energie. So sparen sie fossile Brennstoffe und verschmutzen die Umwelt nicht. Vielleicht werden ja bald mehr und mehr Familien fossile Brennstoffe nutzen. So könnten wir die Natur immer mehr schonen.

* Was gibt es Heißes unter der Erdoberfläche? → S. 13
* Was passiert, wenn erhitztes Wasser an die Oberfläche kommt? → S. 87

WAS IST EIN KORALLENRIFF?

Das ist ein Unterwasserfelsen, der von Korallen und anderen Tieren geformt wurde. Sie bauen sich einen Mineralpanzer, in dem sie leben. Korallen wachsen in warmen Gewässern, wo die Wellen das Wasser mit Sauerstoff versorgen und säubern.

Also ist die Koralle lebendig?

Na klar! Das ist eine Kolonie aus unzähligen klitzekleinen Tieren, so wie die Seeanemonen. Sie leben zusammen mit winzigen Algen.

Algen? In den Korallen?

Ganz genau. Korallen teilen ihren Lebensraum mit Algen. Im Gegenzug können sie sich von den Algen ernähren. Durch dieses Zusammenleben entstehen die Korallenriffe. Dort leben ganz viele Arten von Meeresbewohnern. Leider führen die Erderwärmung und die übersäuerten Meere aber dazu, dass die Korallen kaputtgehen. Ein Zehntel der wunderschönen Riffe ist schon verschwunden.

Wie groß wird ein Korallenriff?

Das Great Barrier Reef im Norden Australiens ist über 2000 km lang. Es ist die größte von Lebewesen geschaffene Struktur der Erde und sogar vom Mond aus zu sehen. Ein anderes großes Riff befindet sich ganz in unserer Nähe, nämlich in den Alpen! Doch mittlerweile hat es sich durch die Erdbewegungen in eine Bergkette verwandelt: die Dolomiten.

* Gibt es noch andere Unterwasserlandschaften? → S. 17
* Was können wir gegen die Erderwärmung tun? → S. 76

WARUM GEHEN INSELN NICHT UNTER?

Hast du noch nie was von Atlantis gehört?

Doch schon, aber ich dachte, das wäre eine Legende.
Vielleicht ist es der älteste und faszinierendste Mythos, den es in der
Geschichte der Menschheit je gegeben hat. In vielen Ländern, von
Griechenland über die Türkei bis nach Großbritannien, sind Hunderte von
Büchern geschrieben worden, um dem Rätsel auf die Spur zu kommen.
Der griechische Philosoph Platon schrieb von „einer Insel größer als
Libyen und Asien", die mächtig und zivilisiert war. Poseidon, der Gott
des Meeres, beherrschte sie. Die Insel soll wasserreich und voller Wälder
gewesen sein, mit einem milden Klima, das mehrere Ernten im Jahr
zuließ. Vor allem war sie reich an Bodenschätzen (sie wurde auch „die
Insel mit den Silberadern" genannt), sodass man die Stadtmauern mit
verschiedenen Metallen beschichtete.

Aber wo lag Atlantis denn nun?
Die Mythen stimmen in zwei Punkten überein: Man vermutet sie westlich von Griechenland und jenseits der Säulen des Herkules. Und sie soll
steinalt gewesen sein. Schon die Menschen der Antike beschrieben sie
als uralt, als es zum Streit zwischen den Griechen und Ägyptern kam und
der Zorn der Götter die Insel zerstörte. Jahrhundertelang suchten die
Menschen Atlantis. Heutige Wissenschaftler haben sie zuerst mit der
griechischen Insel Santorin verglichen, dann in die Türkei verlegt und
schließlich nach Helike in Griechenland. Viele Forscher suchen sie auch
westlich von Gibraltar oder gar auf den Britischen Inseln. Aber niemand
kann genau sagen, wo Atlantis gelegen haben mag, außer im Herzen der
Menschen.

Also können Inseln untergehen?
Aber nein! Alle Inseln haben „Wurzeln", die sie mit der Erdkruste ver-
binden. Oftmals sind das Vulkane. Da Inseln also nicht schwimmen,

können sie auch nicht versinken. Was jedoch passieren kann, ist, dass sie vom Wind und der Gischt bis unter den Meeresspiegel abgetragen werden und darunter verschwinden. So wie die Insel Ferdinandea vor der Südwestküste von Sizilien.

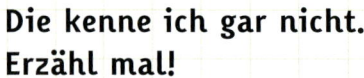

Die kenne ich gar nicht. Erzähl mal!

Im Juni 1831 war das Wasser 60 km vor Sciacca trübe und aufgewühlt. Zudem stank es fürchterlich nach Schwefel. Anfang Juli war es dann so weit: Das Meer explodierte, und eine Rauch- und Aschewolke stieg mehrere Hundert Meter in den Himmel. Sie war so groß, dass man sie sogar vom Land aus sehen konnte. Genau am 13. Juli 1831 erhob sich dann zwischen Rauch und Lavafontänen aus einem Riss am Meeresboden eine neue Insel vor Sizilien.

Und wie fand Sizilien das?

Die sizilianische Regierung schickte sofort ein Schiff dorthin. Man befürchtete, dass durch eine neue Vulkankette Sizilien mit Tunesien verbunden werden könnte. Ein paar Männer sind auf dem Inselchen gelandet und tauften es Ferdinandea, zu Ehren ihres Königs. Zur selben Zeit war eine britische Flotte vor Ort und gab derselben Insel den Namen Graham. Auch die Franzosen betraten die Insel und nannten sie Julia.

Ziemlich international, diese Insel! Gab es eine Einweihungsparty?

Zum Feiern blieb leider keine Zeit. Damals war die Insel 63 m hoch, maß 700 m im Durchmesser und hatte einen Umfang von 5000 m. In den

Wochen nach ihrer Entstehung veränderte sie fast täglich ihr Aussehen, spuckte aber kaum noch Lava. Das ist einer der Gründe für ihr schnelles Verschwinden. Bevor die Verhandlungen zwischen Italien, Frankreich und England stattfinden konnten, hatten die Wellen die Insel schon wieder abgetragen. Am 28. Dezember 1831 verschwand sie für immer im Meer. Da sie hauptsächlich aus weichen, spröden Materialien wie Schlacken und Asche bestand, konnte sie der Kraft der Wellen nicht standhalten und löste sich innerhalb von fünf Monaten wieder auf.

Und heute ist nichts mehr von ihr zu sehen?

Nur ein paar Reste auf dem Meeresboden. Auf den Seekarten ist sie als die Graham-Bank eingezeichnet. Mehr ist von der Insel Ferdinandea nicht geblieben.

* Enden andere Berge auch so wie die Insel Ferdinandea? → S. 25
* Warum brechen Vulkane aus? → S. 38

WIE FUNKTIONIERT EIN KOMPASS?

Dafür, dass ein Kompass funktioniert, ist der Erdkern verantwortlich, die innerste Schicht unseres Planeten.

Zeigt die Kompassnadel auf diesen Kern?

Nicht ganz. Den Kern haben wir noch nie gesehen, aber sehr wahrscheinlich besteht er aus flüssigem Eisen und dreht sich ganz schnell. Diese Drehung erzeugt die Magnetkraft. Sie verläuft in Linien vom Nord- zum Südpol. Das ist das Magnetfeld der Erde. Es ist lebenswichtig für uns, denn es schützt uns vor schädlichen Strahlen aus dem All. Die Magnetkraft wirkt auf die Kompassnadel, die sich auf der Nord-Süd-Achse ausrichtet. Da ist also gar keine Magie im Spiel, sondern nur ganz nüchterner Magnetismus.

Zeigt die Nadel deshalb immer nach Norden?

Eigentlich zeigt die Magnetnadel im Kompass sowohl nach Norden als auch nach Süden. Der Einfachheit halber hat man sich jedoch darauf geeinigt, dass der Pfeil immer in die nördliche Richtung zeigt. Denn wenn man weiß, wo Norden ist, ist klar wie Kloßbrühe, wo sich der Süden befindet – eben genau entgegengesetzt!

Und verlief das Magnetfeld schon immer so?

Nein. In der langen Geschichte der Erde haben sich die Magnetpole viele Male umgedreht. Wir wissen das, weil das Magnetfeld viele Spuren auf der Erde hinterlassen hat. Genauer gesagt, im Gestein. Die noch warme Lava „merkt" sich nämlich die Ausrichtung des Magnetfeldes und bleibt, nachdem sie erhärtet ist, Millionen von Jahren in dieser Richtung magnetisch. Eine weitere spannende Fundgrube für Geologen ...

* Wie sieht die Erde unter der Erde aus? → S. 21
* Gibt es noch andere Überraschungen im Gestein? → S. 42

VERBRÜHT MAN SICH,
WENN MAN ÜBER EINEN
GEYSIR LÄUFT?

Und wie! An deiner Stelle würde ich einen weiten Bogen um einen Geysir machen. Sonst sehen deine Füße nachher aus wie Pellkartoffeln.

Okay, verstanden. Aber was ist ein Geysir eigentlich?

Ein Geysir ist ein Strahl aus kochendem Wasser, der mit hohem Druck an die Oberfläche gepresst wird. Du würdest dich nicht nur verbrühen, sondern auch noch durch die Luft fliegen, wie im Zeichentrickfilm.

Raketenmäßig! Wie hoch denn?

Bis zu 80 m! Unter dem Geysir gibt es entweder einen erloschenen Vulkan oder eine andere Wärmequelle, die das eingeschlossene Wasser erhitzt, wie in einem Topf mit Deckel. Wird der Druck zu groß, schießen Wasser und Dampf mit voller Wucht heraus.

Gibt es viele Geysire?

So einige, aber nur in wenigen Gebieten: Auf Island, in Russland, Chile, Neuseeland, in den USA und sogar in Deutschland gibt es Geysire, in der Eifel.

Welchen Geysir magst du am liebsten?

Einen ganz besonders fleißigen aus dem Yellowstone-Nationalpark in Wyoming in den USA. Er spuckt ziemlich pünktlich alle 65 Minuten – man könnte also auch seine Uhr nach ihm stellen. Er heißt „The Old Faithful", der alte Gewissenhafte.

* Woher kommt das Wasser im Geysir? → S. 15

Inhalt

Inhalt nach Themen

Zur besseren Übersicht ...

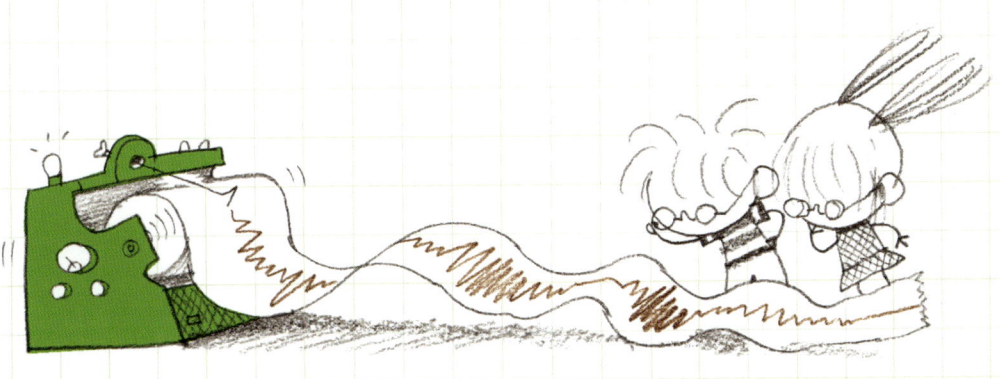

Die Autoren

FEDERICO TADDIA

ist groß, dünn und lebt in einem Haus aus Holz und Glas, zusammen mit Edoardo, Iacopo und Catia. Als Journalist und Autor redet und diskutiert Federico am liebsten mit Kindern und schreibt viele spannende Geschichten für sie – hören und lesen kann man Federico in der Zeitung, im Fernsehen und im Radio.

Auch Roberto Luciani war Autor. Er schrieb gerne Geschichten, und noch lieber illustrierte er sie. Das heißt, er kritzelte wie wild in ihnen herum, wie er es auch als Kind schon getan hatte. Manchmal zeichnete er auch ganze Comics aus seinen Storys.

ROBERTO LUCIANI

MARIO TOZZI

Mario Tozzi hat an der Sapienza-Universität in Rom Geologie studiert und einen besonders guten Abschluss gemacht. Seit 1996 sorgt er dafür, dass die neuen Forschungsergebnisse der Geologie und Umwelttechnik im Radio, in Zeitungen und Büchern besprochen werden und möglichst viele Menschen von ihnen erfahren. Mario ist Autor und Moderator der Sendungen „La Gaia Scienza" auf La7 und „Tellus" beim Radiosender Rai2. Außerdem hat er schon ein Dutzend Bücher geschrieben. Viele seiner Texte werden in Italien in den Schulen gelesen.

Kaum zu glauben!
Wie wir wurden, was wir sind

Federico Taddia
Warum? Darum! Evolution
96 Seiten · Ab 8 Jahren
ISBN 978-3-7891-8535-9

Warum haben Tiere keine Räder? Ist meine Tante ein Affe? Waren wir vor Millionen Jahren glitschige Algen? Warum legen Menschen keine Eier? Und wenn die Evolutionstheorie stimmt, bin ich dann eigentlich weiter entwickelt als mein Papa?

Eine verblüffende Reise durch die Entwicklungsgeschichte von Mensch und Tier – mit frechen Kinderfragen, die von renommierten Wissenschaftlern beantwortet werden.

Oetinger

Weitere Informationen unter: **www.oetinger.de**

Sterne, Planeten und Galaxien: Rätsel des Weltalls

Federico Taddia
Warum? Darum! Astronomie
96 Seiten · Ab 8 Jahren
ISBN 978-3-7891-8536-6

Woher wissen wir eigentlich was da draußen alles ist? Wie haben die Astronomen die schwarzen Löcher am ebenfalls schwarzen Himmel gefunden? Sind Goldfische gute Astronauten? Und werden wir irgendwann auf dem Mars wohnen? Das Weltall ist voller Rätsel und Geheimnisse!

Eine „Warum? Darum!"-Reise durch das Universum – mit frechen Kinderfragen, die von renommierten Wissenschaftlern beantwortet werden.

Oetinger

Weitere Informationen unter: **www.oetinger.de**